以闪亮之名

LIFE MAKEOVER

官方艺术画集

以闪亮之名制作组　著

人民邮电出版社
北京

图书在版编目（CIP）数据

以闪亮之名：官方艺术画集 / 以闪亮之名制作组著．
北京：人民邮电出版社，2024.8. -- ISBN 978-7-115-64571-5

Ⅰ．G898.3-64

中国国家版本馆 CIP 数据核字第 2024BV8191 号

内容提要

《以闪亮之名》是一款超时尚、超自由的换装生活游戏。因自由，而闪亮！无限造梦场，她在即闪亮！

本书是人气游戏《以闪亮之名》的首本官方艺术画集，收录了《以闪亮之名》中的经典服装套装和美术设计等主题内容，如备受玩家欢迎的顶级套装《鸢尾与权杖》《瑰色加冕》《发条之心》《盛世华廷》等，以图鉴的形式，为读者呈现了精致的时尚画卷。

本书内容丰富、设计感强、装帧精美，是可欣赏、可阅读、可珍藏的游戏艺术画集。希望每一个拥有这本书的女孩都能在《以闪亮之名》的世界里独立闪亮，创造属于自己的高光秀场！

著　　以闪亮之名制作组
责任编辑　闫　妍
责任印制　周昇亮

人民邮电出版社出版发行
北京市丰台区成寿寺路 11 号
邮　编　100164
电子邮件　315@ptpress.com.cn
网　址　https://www.ptpress.com.cn
北京启航东方印刷有限公司印刷

开　本　700×1000　1/8
插　页　4
印　张　17
字　数　130 千字
2024 年 8 月第 1 版
2024 年 8 月北京第 1 次印刷

定　价　228.00 元

读者服务热线：(010)81055296
印装质量热线：(010)81055316
反盗版热线：(010)81055315
广告经营许可证：京东市监广登字 20170147 号

目录

致
闪亮的你

《以闪亮之名》是一款由Vvanna工作室倾心打造的女性生活时尚游戏，自2023年2月21日起开启无限风格测试，与玩家一起创造充满无限可能的美学世界。2023年3月1日，推出无限自我测试，这个世界与我们更近一步，我们开始在这里自由探索自我，勇敢展现个性。2023年3月24日，《以闪亮之名》迎来了全平台的正式公测，一个个闪亮的小世界终于连结在一起，共同呼吸，绽放更耀眼的光芒！

《以闪亮之名》不仅是一款游戏，更是一个无限闪亮的造梦场，不断丰富的主线剧情与人物羁绊构造出更大的世界，逼真的服饰纹理完美地呈现设计师款高定时装，高度自由的定制造型与妆容配合千幻染色带来无尽的时尚创想……

致因自由而闪亮的你，欢迎来到无限造梦场，有你在，即闪亮。

——以闪亮之名 LIFE MAKEOVER

SHINING DESIGN
NOTEBOOK
闪亮
设计手札

life-makeover
life-makeover
life-makeover
life-makeover
life-makeover
life-makeover

在皎洁的月光下，

关于银河素镜、奔赴九天的畅想，

关于金桂折枝、玉兔捣药的笑语，

竟全部被你偷偷珍藏。

将向往化成风、化成星、化成造梦路上的每一个足迹。那些小小的梦，让内心泛起了踏月载星的涟漪，是你将零落的夙愿拾起，拼凑成曾经最天真的勇气。

你见过那片梦幻的
荧光海吗？

银白色的浪花如一颗颗珍珠散落在海面，

鲸鱼、发光的浮游生物和鱼群在其间嬉戏，

游动时划出的水波宛如银河，

海豚随着她的琴声跃起，

共同演奏这首以救赎为名的海之乐章。

为了还原原画设计，我们在三维制作中精心加入了多种刺绣工艺，使九色鹿图案栩栩如生。

外套选用暗纹提花缎面材质，低调奢华。裙身和下摆加入镂空蕾丝和珍珠元素，以增添华丽感。

发饰结合水晶鹿角、金银珐琅等材质，以营造高贵神秘的氛围感。

鹿角的半透明水晶材质在光的折射下散发出迷人的光彩，流光和粒子特效更使其熠熠生辉。

将千年文化纳入一针一线中，重塑国风高定。灵感源自《山海经》中的九色鹿，整体融合国风与现代风格。

头饰设计为金属与水晶材质的鹿角，外套拖尾上的图案借鉴了敦煌壁画风格，为其增添了神话色彩。

人偶少女随着精致的发条的转动优雅地舞动，在时光的舞台上演绎着一段关于岁月的舞蹈。

Tears of Fadedwiongs

Vanna girls

暗夜的古堡，月光洒在戴着荆棘皇冠的雪白长发上。

花与蝴蝶完美地点缀在少女白皙的颈肩上，如银丝般的钻石背链与少女洁白的肌肤相得益彰。

容貌昳丽的仙子，穿一袭清雅的淡蓝长裙，立于高台之上。
她那藏于冰雪下的心事，说与谁听？

宫商角徵羽，五音对五行。

世间万物皆有定理，但不知何故，

蓬莱仙岛六月飞雪，

五弦再弹不出妙音。

银河婆娑，山河辽阔，繁花似锦，奇珍异兽，古今胜景……

想尽呈于各位，却不知如何诉说。

银河星月转，山河世皆移，繁花落又盛，珍兽难循迹，胜景已不复。

便借仙子之手，绘一出盛世华卷。

但凭悠悠匠心，描一幅锦绣浮光。

仙境饮宴，乐动天籁，与尔同享，

花重锦官，蜀绣盛放。

灵感源自古希腊女神的服饰，结合传统与现代工艺，融合古典羽毛元素和现代高定工艺，以白金配色，彰显圣洁高雅。

抹胸肩带镶嵌多彩宝石和钻石，金属质感的欧式雕花更显华贵。

在丝绸质感的抹胸中加入闪点粒子，旋转时展现多彩闪亮的效果。

裙身为暗纹提花缎面材质，低调而精致，羽毛轻盈飘逸地落下，圣洁无比。

◆ 抹胸

◆ 裙身

◆ 裙摆

裙摆两侧的尾端采用流光材质，伴着云雾状流光随意飘动。

翅膀两侧增加冰火特效，浪漫的氛围感十足。

她踏上最高的一片云，

俯瞰尘世的爱恨悲欢，
为迷途之人降下神示。

风忆佳期套装不只是对经典电影风格的致敬，更是对19世纪新洛可可时期服饰风格的传承与创新。

裙形的设计灵感来自克里诺林时代优雅的长裙，通过现代剪裁方式的处理，使其更加时尚、优雅和浪漫。

粉色调的套装以鲜花和花瓣作为装饰，展现春日的气息。

立体胸衣为复古卷纹金属材质，精致华丽，彰显阿芙洛狄忒女神的温柔与爱意。

“阿芙洛之绪”是一款以希腊神话中象征爱与美丽的女神阿芙洛狄忒为灵感打造的复古礼服纱裙。

“幻涟缀羽”套装令人陶醉，粉色的细闪布料熠熠生辉，水钻和亮片更添华丽的韵味。

羽毛裙摆轻盈飘逸，似飞舞的花瓣，星月和蝶舞首饰点睛，吸引所有目光。

如梦境般绚丽，以美丽为名出发，用闪亮的梦指引前行。

邮电

痴男女，堪叹古今，

唯情不尽。

情难自控，嘉礼初成。

心意一生一世一双人，

梦想永结同心缔良缘，

留恋年年岁岁的往事，

燃尽萌动，灰烬已成枷锁。

似尘似风皆无痕，

镜花水月，如梦一场。

雪绒将花枝编成花环送给伊伊，共同祈盼繁花环绕的夏天。

雪绒想，伊伊的笑容是送给这个世界最好的礼物。

或许，你也能听见伊伊的心声，对吗？

它说，希望人类能与动物伙伴们永远和谐共处。

以国风为题、经典为笔墨，为你打造出新国风款式套装。

内搭短裙巧妙地展示了优美的腿部线条，婀娜多姿，富有韵味。外套大袖结合大片压褶纱料，增添丰富的层次感，外套也显得更加轻盈飘逸。大袖后摆增加九片莲花花瓣造型，与“九尾”主题相呼应，整体造型更加和谐统一。

华袍披身，玉肩微露，更显妩媚。

“湖心旋舞”套装以简约优雅为特点，线条流畅简洁，精细地展现蕾丝花边和皱褶细节。设计灵感来自清晨花园中的舞者，以芍药花为主题，强调女性的柔美。

人物整体呈现女性雍容华贵的气质，令人沉浸在那华灯初上的氛围中。每一个细节都经过精心设计，连衣裙采用高侧开叉设计，恰到好处地展现了女性婀娜多姿的身材曲线和修长的腿部线条。

毛绒外套的设计十分精细，材质为羽毛和仿真皮草的结合，皮草浓密，质感细腻且有光泽，精巧地还原了真实皮毛的效果。

喜今日，赤绳系定，珠联璧合。

鹊桥乞巧，恰逢新喜。

如火焰般赤忱热烈的，

是日日盼相逢的心动，

是为情字一念的守候，

是侧畔千帆过的白首，

执念为丝爱为绸，织就一幅良辰美景。

- 霞帔以蓝色为主色调，与红色的主色调形成鲜明的对比，更加吸睛夺目。

- 增加刺绣、缂丝和妆花等工艺，使用金丝、银丝等亮丽的丝线进行刺绣，辅以珍珠点缀边缘，更添华丽感和精致感。

偏执少女携魔法玩偶，准备掀起一场神秘风波。

本套时装融合玩偶与舞台剧元素，上半身采用欧式胸衣设计以勾勒身形，下半身裙撑外置，裙摆更轻盈飘逸。

缤纷色彩在纱裙上绽放，

将繁花的浪漫随身穿着。

旖旎仙境，借一处花海，

见证漫游仙子施展的魔法。

华裳绚烂，紫色神秘闪耀。
花鸟刺绣，银饰璀璨点缀。
蓝黑相映，勾勒绚丽画卷。
流苏舞动，珍珠晶莹。
只此一瞬，闪耀无限光芒。

"月银九歌"套装的灵感来自东方传统文化中的美好与吉祥，花鸟纹刺绣、清新娟秀的百褶裙和精致大方的吊带小开衫，紫色、蓝色和端庄的黑色配色，使其灵动且神秘感十足。

长命锁、孔雀、百合花、云边锁等具有美好象征意义的元素，通过银质的装饰，完美点缀在这套五星套装上，引领着时尚风潮。

芬得拉

ROSE
VENDELA

夜幕笼罩大地，
城市中的每个角落都静默如谜，
唯有夜神倪克斯四处巡游。
衣裙闪烁着星辰之光。

长长的拖尾曳地，洒下蔷薇花瓣，
夜之民的灵魂在梦中徜徉，祈盼着她的祝福。

午夜歌剧未落，

她衔一支玫瑰随之轻和，

游戏的主宰从不陷入桎梏，

穿梭熙攘，

将笼罩在街区上空的黑暗尽数拂去。

直至夜色悄然抵达，

苍白的镁光堆砌喧嚣的永夜。

她将霓虹切割，

无需言语便掀起了一场盛大的狂欢。

戈壁滩的惊鸿一瞥，

华庭中摇曳的女子，

身穿烟纱云海般的透明渐变舞裙。

缠绕在臂上的丝绸，是彩云的馈赠，

拖尾上的闪亮晶石，

是穿越大漠跨越千山而来的朝露。

她取了魔药的珠光色彩装点自己，

跟随命运的指引，

骑上扫帚飞行到夜之城。

正义抑或邪恶，这场拜会注定刻骨铭心。

她继承了古老的魔力，

人们却无法接受异端，

被猜忌、被误解、被驱逐，

从此与黑暗为伍。

如果家里一直有暖烘烘的壁炉和好吃的零食就好了！

再许愿可以一直宅在柔软的大床上肆意打滚和入睡！

不要被驯服！不要受委屈！琐事的烦恼和我没关系！

传说喵星守护神可以签订这样一份终身快乐契约，满足心愿吧！

“什么？可我不是猫！”

裙身如宇宙星河般流动，星河转动带动流光闪动，如流星滑落。
面饰为晶莹的碎钻，在阳光下闪烁；裙摆散开，散发出粒子光晕，浪漫而神秘。

这是致敬花样滑冰运动，以月光星空为主题设计的一套花滑服装。

镶嵌水钻、亮片的紧身衣，搭配飘逸灵动的薄纱下摆和带状腕饰，将时尚感与花滑运动完美地融合，展现了力量的美感。

最后

永不落幕的……

FINALLY
THE NEVER-

hi，合伙人，

感谢你读到这里，这本书的创造基于我们共同的记忆。像是一场穿梭时空的旅途，当你翻开它，你的感受与回忆是最重要的，这也是我们书写这本书的目的。真的很幸运，这段瑰丽的回忆之旅，能与你一同走下去。

虽然《以闪亮之名》最初只是一个小小的世界，但它却蕴藏着团队中每一个人的希望与梦想。在这个小小的世界里，每一个“她”都可以自由闪亮，千变万化，每一个“她”都是故事的主角，每一个“她”都不再需要被定义。你们展现出的真实与自由，在游戏中分享的开心瞬间，驱使着我们不断地创造更多的可能性。

未来，我们会继续努力，积攒更大的能量，努力让闪亮的世界更加闪亮，继续与每一个闪亮的、不同的、自由的“她”携手同行。

再次感谢，我们未完待续，也永不落幕。

——以闪亮之名 LIFE MAKEOVER

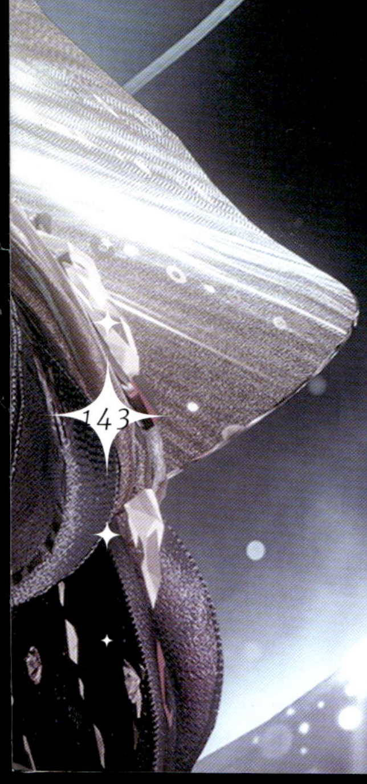

因自由，而闪亮。

“唯愿每次相见，都是予你闪亮的欣喜。”